Este libro está dedicado con amor a:

Todas las futuras mamis y a las mamis que día a día lucha y son ejemplo de amor, constancia, entereza, fuerza y dedicación.

Que son guerreras por que luchan por darle una mejor vida a sus hijos independientemente de la situación que vivan, si están solas o acompañadas.

En especial quiero dedicarlo a mí pequeño hijo, que es mi más grande motor, a mi familia y amigos que han formado parte de mi vida y que han estado en todo momento conmigo.

Introducción

Este libro tiene como objeto, darte una pequeña guía para ti que vas a ser mamá.

Te doy algunas sugerencias de que pueden hacer, dependiendo la etapa en que te encuentres durante tú embarazo, siempre acompañada de la supervisión de tú médico en beneficio tuyo y el de tú bebe.

En este libro, te comparto mi vivencia personal, la cual, te la transmito con mucho amor, para que puedas seleccionar y aprovechar lo que a ti te funcione, si bien es cierto, todos tenemos vivencias diferentes, pero podemos aprender de las experiencias de otras.

Cree este libro con la idea de que te pueda servir como base para en esta nueva etapa de tú vida "para que te prepares y disfrutes de estar embarazada y que te puedas conectar de una forma más profunda y única con tu bebe".

Así mismo, puedas constatar que el estar embarazada va de la mano también con tu desarrollo profesional, ya que un bebe te impulsa a crear y ver nuevos horizontes para el bienestar de ambos.

I N I C E

Te platicare un poquito de mi historia, esta soy yo

Comenzaré por platicarte que soy Lucy, una mujer que proviene de un hogar tradicional en donde mis padres son personas muy amorosas, que me enseñaron que la base de un buen futuro proviene de la preparación y del esfuerzo que uno realice en su trabajo para progresar, bajo ese parámetro crecí, recuerdo que fui buena estudiante, me enfoque solamente en mis estudios y se me olvido o lo pase por alto que también había otras actividades que hubieran sido en su momento importantes vivirlas, el tiempo paso, por fin termine la universidad con honores y como cualquier egresado de la carrera de Administración busque trabajo en las empresas para realizarme profesionalmente, te comento que en ese momento no me afectaba el estar sola y no tener una relación amorosa.

Me enfoque en desarrollarme profesionalmente y deje a un lado mi vida personal, por qué la consideraba un distractor, me encontraba saltando de una organización a otra, compitiendo por los puestos y luchando constantemente.

Los años pasaban y yo cada vez me enfocaba más y más al trabajo, me tenía maravillada el mundo empresarial y todo lo relacionado a la mercadotecnia, las ventas y la publicidad y no me permitía a mí misma vivir fuera del ambiente laboral, mi vida era categóricamente el trabajo, vivía para trabajar y sólo para trabajar y consideraba que cualquier aspecto ajeno al mismo solo eran un distractor que podrían ocasionar que no llegara a mi objetivo de tener un alto puesto ejecutivo.

Estaba completamente equivocada, ya que deben de ir de la mano, "sí se puede tener ambos", con esto lo que te quiero decirte es que el desarrollo profesional puede ser uno de los objetivos de la mujer pero sin descuidar tú propia vida personal, hacer cosas diferentes que te hagan sentirte bien contigo misma y que te hagan crecer como ser humano como puede ser desde tomarte un café, ir a un parque, bailar, tomar clases de yoga, de pintura, darte tiempo para convivir con la familia, amigos, ir al cine, hacer ejercicio, viaja, ir al cine, ser mamá por darte algunos ejemplos, ya que son estas cosas, las que verdaderamente te van a ser crecer, te van a enriquecen y le van a dar un mejor sentido a tú vida, al hacerte más feliz, con eso no quiero decir que las ejecutivas que solamente están enfocadas a su trabajo y a sus propias actividades y que no están casadas o que no son mamás sean infelices, pueden ser muy felices.

Después con el tiempo conocí a un hombre ajeno a mí ambiente laboral, somos dos polos opuestos, pero independientemente de eso, desde que lo vi, no me preguntes como sucedió pero mi alma me decía que era él, sentía que nos conocíamos de mucho tiempo atrás y que estando en otra dimensión ya habíamos pactado tener una relación juntos en este tiempo, posteriormente nos hicimos novios, pero él estaba y no estaba conmigo, nos veíamos ocasionalmente, en ese tiempo recuerdo que asistía a reuniones: de familiares y de amigos casi siempre sola, en donde podía observar que la mayoría de mis familiares y amigos ya estaban casados o se empezaban a casar y algunos de ellos ya tenían sus familias hechas con sus hijos, al principio no me molestaba, al contrario me encantaba convivir y disfrutaba de sus compañías y de las experiencias que me compartían en relación de cómo vivían, como educaban a sus hijos, como llevaban sus matrimonios en fin, pero llego un momento en mi vida en donde no podría evitar el cuestionarme a mí misma, el por qué no tenía una relación sólida, sentía en ese tiempo una infinita tristeza, mi trabajo ya no me llenaba.

Una de tantas veces, por cuestión de trabajo tuve que viajar, estando hospedada en un hotel muy bonito, estaba feliz, pero al paso de los días, me sentía vacía porque no tenía realmente con quien compartir esos logros, una noche ya acostada recuerdo que comencé a llorar y a platicar con Dios, le abrí mí corazón y le dije "Dios mío por favor sé que he cometido muchos errores, sé que no soy una mujer ni mala ni buena, pero quiero pedirte que me des la oportunidad y que confíes en mí para que me regales una de tus estrellas del cielo, tú elige cuál de ellas es perfecta para mí, háblale y pregúntale si ésta de acuerdo en que yo me convierta en su madre y permíteme cuidarlo, guiarlo, apoyarlo y amarlo profundamente".

Todo cambio implica un esfuerzo

El tiempo paso y yo seguía sin hacer ningún cambio en mí vida, al contrario, me enfocaba cada vez más y más en mi trabajo, estaba muy feliz, en ese tiempo se me presento la oportunidad de entrar a una agencia de eventos como socia del área de publicidad y como es de esperarse en ese inter descuide por completo mí relación de pareja, apareció una tercera persona, dando por terminado mí relación de muchos años. Me deprimí como es de esperarse, no entendía que estaba pasando, quería regresar el tiempo, pero entendí que la persona que yo amaba había buscado en ese entonces otra opción para ser feliz.

Mí tristeza la ahogaba con mi trabajo, me acuerdo que me encontraba en la búsqueda de cuentas empresariales, las cuales se iban concretando poco a poco, pero a los socios no les interesaban las cuentas del sector empresarial, ya que su negocio estaba enfocado al sector público y fue en un momento determinado que analizando mí vida y la situación, decidí dar las gracias a esta empresa y continuar mi camino ya como empresaria.

Es difícil, más no imposible tomar la decisión de convertirte en empresaria, sobre todo cuando sientes que ya es el momento, Dios me había ayudado y me había dirigido para encontrar mi camino y fundar una agencia enfocada a la organización de diversos eventos, que es hoy en día lo que me sigue apasionando y en lo cual yo trabajo junto con un gran equipo.

En ese tiempo, se presentó la oportunidad de que una empresa internacional confiara en mí trabajo, le agradezco profundamente al personal directivo de Quaker State México*, ya que fue mi primera cuenta, ahí encontré gente maravillosa que aposto en nuestro trabajo para la realización de diversos eventos de su empresa a nivel nacional y de ahí he ido picando piedra para ir ampliando la cartera de clientes.

En ese proceso de arranque como empresaria me asocie con dos personas más para fundar la agencia de eventos, una de ellas fue mi exnovio y la otra persona fue una amiga de la universidad, fuimos creciendo poco a poco como organización.

Debido a algunas diferencias de opiniones que se nos fueron presentando en el trabajo, tuvimos que separarnos laboralmente de mi amiga y tuvimos que emprender con otra razón social la nueva empresa de eventos.

Posteriormente con los años se incorporó otro nuevo socio que fue mi hermano, mi incansable compañero de lucha que le inyecto nuevas ideas y formas de organización para hacer crecer el negocio, nos fuimos haciendo de más equipo y de prestigio en el mercado.

Una bella noticia se anunciaba en mí vida

Al paso de los años fuimos consolidando la empresa, así mismo te contaré que Dios siempre tiene un camino para cada uno de nosotros y somos nosotros los que decidimos si lo queremos o no tomar, te digo esto por qué después de mi rompimiento con mi exnovio, yo decidí de corazón perdonarlo, porque independientemente de que ya no estaba conmigo era un gran amigo, socio y un gran ser humano, al cual yo valoraba muchísimo, en ese inter recibí el apoyo de muchas amistades pero fueron dos amigas mías y mi hermana, las que me hablaron de la importancia de perdonar y de seguir adelante bajo otra perspectiva.

Y así lo hice, tuve que volver a resurgir como un ave fénix entre las cenizas, aprendí a amarme nuevamente, a valorarme y saber que dentro de mí existe un ser maravilloso capaz de amar intensamente y buscar lo mismo para la otra persona, si esto en algún punto de tu vida, te suena familiar te sugiero seguir adelante, dentro de ti hay una guerrera dispuesta a seguir adelante, pero tienes que despertarla y creer en ti misma, no importa que estés o no acompañada, tú eres tú propia guerrera y sólo depende de ti, tú éxito y felicidad.

Con los años volvimos a retomar la relación que teníamos como novios, pero ya de una forma más madura y sana, nos dimos la oportunidad de caminar nuevamente juntos, de valorarnos, de vivir cada día y de desear el amor para ambos.

Pasaron trece años desde que nos conocimos y en nuestro regreso, recuerdo que yo me cuidaba con los parches anticonceptivos, cuando de repente ya no se me presento mí periodo, lo primero que se me vino a la mente fue: "ya me llego la pre menopausia", pensé esto, porque algunas familiares mías, se las ha presentado a la edad de los treinta y tantos y yo tenía en ese tiempo treinta y ocho casi treinta y nueve, le hable a mí tía que es una excelente Ginecóloga y me sugirió hacerme una prueba de laboratorio.

Es importante mencionarte que hay tres métodos para que tú sepas si estas o no estas embarazada y no necesariamente una persona que deja de tener su periodo ésta embarazada pueden ser otras causas, los métodos son las pruebas caseras de orina que te venden en las farmacias, la prueba de orina que hacen en los laboratorios médicos y la más efectiva para mí, es la de sangre porque hay te dice cuantas semanas tienes, aunque en esta tienes que tener un tiempo aproximado de retraso de un mes.

Estando ya en el consultorio de mi Ginecóloga le pedí que abriera los resultados, los vio y me dijo: felicidades vas a ser mamá tienes dos meses con tantos días, yo estaba sorprendida y le dije: ¡cómo es posible!, si yo me estaba cuidando con un método anticonceptivo, ella me contesto: si me preguntas medicamente, tú fuiste el 1% de falla en el anticonceptivo y espiritualmente pienso que ya te toca ser mamá, así mismo reflexiona y piensa, cuantas mujeres desearían ser madres y no pueden, se someten a infinidad de tratamientos, aplican a sistemas de adopciones y no lo consigue, después de haberme dicho esto me pregunto ¿qué vas a hacer?, lo primero que conteste sin dudarlo fue "tenerlo por supuesto", le pedí a ella que por favor me llevara mi embarazo y me atendiera mí parto, ella acepto.

Después llegando a casa, me encontré con mi hermano y le enseñe el sobre donde estaba la prueba de embarazo y se puso super feliz, ya que sería su primer sobrino, pero por otro lado yo sentía un poco de miedo porque no sabía cómo lo iba a tomar el padre de mí hijo, ya que no estaba en nuestros planes, no sabía si lo iba a aceptar o no, los días pasaron y yo no me atrevía a darle la noticia lo único que pensaba es "que con él o sin él, lo iba a tener".

Me arme de valor y se lo comente, él me dijo que estaba en mí derecho de tomar mi decisión respecto a nuestro bebe, así mismo me comento que él no estaba preparando para ser padre pero que iba a respetar mí decisión, me dolió su postura y mi decisión fue seguir adelante con mí bebe, sin embargo, aunque se distancio, me llamaba todos los días para saber cómo estábamos ambos.

Recibí al mismo tiempo mucho amor por parte de mis padres, hermanos, familia y amigos, ya que la noticia les di mucho gusto.

Yo estaba viviendo sentimientos encontrados por un lado me sentía muy feliz, agradecida con Dios y con la vida, porque habían creído en mí para convertirme en mamá, llevaba en mí a un ser producto de mi gran amor, por otro lado me sentía triste por el alejamiento de él, sin embargo, Dios me permitió que mi hermano se convirtiera en un gran apoyo durante esa etapa, iba y venía conmigo, checaba y analizaba todo en beneficio del bebe y de mí.

Mis padres estaban emocionados y me cuidaban muchísimo, recuerdo que mí padre me checaba lo referente a mí alimentación y realizábamos diariamente caminatas.

Yo seguí trabajando, incluso estando recién parida cerré un evento de cumpleaños, recuerdo que le explicaba a mi clienta que acaba de dar a luz y que le podía sugerí a otro proveedor para el servicio de catering, a lo que ella me contesto que no, que le mandara a mi equipo de trabajo porque ella solo confiaba en mí y así lo hice, mi padre me apoyo con ese evento y la clienta quedo muy contenta.

Revisiones medicas

Cuantas veces has escuchado que cuando estas embarazada te dice tú familia, tus amigas o conocidos que vas a sufrir muchísimos cambios: que vas a tener sueño, antojos, mareos, vómitos, que vas a subir de peso, que vas a estar más sensible que nunca e incluso vas a querer tener o no tener a determinadas personas cerca de ti, te platico esto porque no es una regla, en mi caso yo solo tuve antojos y suspiros.

Cada mujer es diferente y puede o no presentar uno o todos los síntomas antes mencionados y en ocasiones la mujer puede transmitírselos a su pareja o a su esposo a través de la saliva, lo que ocasiona que el papá los presente y la mamá no.

Una vez que te enteras de que estas embarazada, lo siguiente que te sugiero que hagas, es que selecciones un médico de toda tu confianza para que lleve tus revisiones médicas mensuales y pueda evitar cualquier situación de riesgo como una preclamsia, tu medico en estas revisiones te checara a tú bebe y a ti, así mismo programará tú parto.

Te indicará en que mes tienes que estar alerta, porque tú bebe se tiene que comenzar a mover y tú lo tienes que sentir de forma diaria dentro de tú vientre.

En el último mes, lo más seguro es que te revisen cada semana, como lo hicieron conmigo, esto es para checar la posición del bebe, como está bajando, como viene, como están sus latidos, así como tú presión.

Te platico que estando en mi segunda revisión médica que fue en el segundo mes de embarazo, mi ginecóloga me pidió tomar algunas vitaminas para embarazadas para fortalecerme y prepararme, yo me tome vitaminas de Pharmaton*, así como ácido fólico durante todo mí embarazo para ayudar al bebe.

El ácido fólico es de vital importancia que lo tomes, ya que ayuda a evitar malformaciones y fija la piel de tu bebe.

Me dio también una dieta balanceada conformada de frutas, vegetales, proteínas, me explico que uno "no debe comer" como si fuera dos, eso es un error que cometen muchas embarazadas, lo ideal es subir un kilo por mes, tratar de comer sano, evitar la comida chatarra, la ingesta de demasiados chiles, irritantes y refrescos para que tú bebe cuando nazca no venga manchadito, con prurito o pueda sufrir cólicos.

Me sugirió comer de preferencia grasas naturales pero en poquitas cantidades todos los días, como son: las nueces, los cacahuates, los pistaches, recuerdo como mi padre, mi gran compañero y amigo, corría a comprarme mis nueces, mi sandia, me acompañaba y caminábamos juntos a la cafetería más cercana de mi casa, aproximadamente diez cuadras caminaba por día, porque se me antojaba mi malteada de vainilla y mi crepa de nuez, en esos momentos aprovechaba mi padre para cuidarme, acompañarme y para darme consejos muy sabios, uno de ellos que es super valioso y te lo retrasmito es "aprovecha ahora que tienes tiempo para dormir y descansar, ya que cuando tengas a tu bebe en tus brazos no vas a volver a dormir igual", ¡sabio consejo!.

También me explico mi ginecóloga que durante el embarazo se me iban a presentar períodos de muchísima hambre fuera de mis horarios de comida y para que no comiera cualquier cosa que me ocasionara subir de peso, me sugirió prepararme unos pepinos, jícama o zanahoria, para que me lo comiera como botana, al ser vegetales te ayudan a disminuir el hambre, te alimentan y no te sube de peso, te lo recomiendo mucho en caso de que tengas esas ansias de comer a mí me ayudó mucho.

Me habló también de la importancia de caminar todos los días, de mantenerme activa, ya que es muy importante hacer un ejercicio leve cuando eres primeriza o vas a tener otro bebe, no es conveniente: pasártela acostada, dormida o sin hacer algún ejercicio durante el embarazo o tener una vida sedentaria, las mujeres que por lo general no hacen ningún tipo de ejercicio o se la viven acostadas es porque su ginecólogo les dio la instrucción de que tienen un embarazo de alto riesgo y se tienen que cuidar muchísimo incluso no pueden hacer ningún tipo de esfuerzo, pero hay otras mujeres embarazadas que sin ninguna prescripción médica asumen que no pueden moverse o no pueden hacer nada, pero recuerda "estas embarazada" no estas enferma y el ejercicio te va a beneficiar sobre todo en el momento del parto.

El ejercicio lo que hace es que te ayuda a que tu parto sea más rápido y tú bebe salga más rápido durante el tiempo de labor, si una mujer durante su embarazo fue sedentaria el tiempo de labor va a ser muchísimo mayor.

Una de las recomendaciones personales que me dio mí ginecóloga es que no preguntara a otras mamis, como habían sido sus partos, muchas mujeres no pueden evitar hablar como les fue en su experiencia con el parto natural a las mamis primerizas y las predisponen antes de tiempo, la futura mamá termina sugestionándose y no colabora de la misma forma, ya que llega asustada en el momento del parto.

Cada mujer tiene un alto índice al dolor, pero eso no lo sabe, sino hasta el momento del parto.

Recuerdo también que, en ese tiempo, estando embarazada al investigar encontré muchos cursos en donde te enseñan a respirar para que ya estando dentro del parto apliques el proceso de las respiraciones, pero he de confesarte que estando en mí parto natural ni lo aplique por que se me olvidaron los procesos, estaba muy nerviosa.

Hay dos formas para que nazca tú bebe: uno es por parto natural (o parto natural en agua que es una nueva forma de traer a tu bebe al mundo) o bien por cesaría. Todo va a depender de la revisión de tú médico, yo recuerdo que como yo era muy estrecha, delgada, al ser primeriza y por mí edad, mi doctora me sugirió que fuera cesaría, una para que no sufriera él bebe y otra para que yo no tuviera complicaciones, pero eso se determinaría en el último mes de mí revisión del embarazo.

Es válido que algunas mujeres decidan irse por la cesaría y así se lo solicitan a sus doctores, aunque pueden tener un parto normal, yo he tenido muchas amigas que por miedo le dicen a su doctor que prefieren la cesaría pero no es lo más conveniente, ya que el tiempo de recuperación de la madre es más largo, en cambio en un parto natural al momento implica un esfuerzo mayor y quizá un poco de dolor, pero es momentáneo y el tiempo de recuperación es más rápido para la mami.

Como irte preparando mentalmente para ser mamá

Cuando estas embarazada, a parte de las revisiones médicas, de la alimentación, de las vitaminas, de los ejercicios, de los cursos para partos.

Es importantísimo que te vayas preparando mentalmente, tú cuerpo va cambiando, tú olfato y tú gusto se agudiza más, te vuelves más sensibles.

Hay personas que lloran por cualquier situación y hay otras que no. Así mismo, parece irónico, antes de estar embarazada casi no veías mujeres embarazadas y cuando estas, las ves en cada esquina, esto es porque tus sentidos se agudizan y las percibes, el mundo que anteriormente no le dabas tanta importancia, lo comienzas a notar porque tú ya eres parte de él.

Te tocará quizá escuchar a muchas personas que dicen que el mejor estado de la mujer es cuando estas embarazada, que tienen un cuerpo precioso porque están creando un nuevo ser y eso es cierto, pero ¡qué crees!, tú que estas en ese momento embarazada, no se te hace así, el primer choque psicológico que tienes, es cuando te vez al espejo, ves que tú cuerpo va cambiando y va perdiendo la forma, tratas de ponerte tú ropa y ya no te queda.

En ese momento, si tu situación económica te lo permite, tienes que ir a una tienda de ropa para mamas embarazadas, yo iba ocasionalmente a la tienda de mama mía* o Liverpool*, en donde puede encontrar ropa ad hoc, la primera vez que entre a una tienda de embarazadas, estando yo embarazada, me deprimí un poco, ya que estaba acostumbrada a usar tallas chicas y cuando vi que la ropa de embarazada era grande y holgada, lo primero que pensé fue: me voy a ver como costal, no importa que tengan detalles o ropa de temporada, después me fui haciendo a la idea de que existe ropa muy linda que va desde los pantalones con soporte para el vientre, los vestidos, las blusas., lo importante de esta ropa es que es holgada no aprieta el vientre para que él bebe se pueda ir desarrollando conforme a cada etapa, en ese tiempo por el consumo de "x" importe me proporcionaron una tarjeta de cliente frecuente donde iba generando puntos, los cuales me permitían lograr un descuento en la siguiente compra.

En caso de que tu situación no te permitiese comprar ropa, te sugiero que selecciones la ropa más holgada que tengas, la idea es que no aprietes tu vientre, sino que este lo vayas soltando para que tú bebe vaya teniendo espacio y se vaya desarrollando poco a poco (por ninguna circunstancia te fajes ya que puedes provocar algún daño a tú bebe, desafortunadamente hay mamis que al tratar de ocultar su embarazo lo hacen pero el que lo paga es su bebe).

Los pies, también es algo que tienes que cuidar, porque en determinado momento también se te empiezan a hinchar dependiendo el mes, esto porque vas reteniendo agua, por lo cual es conveniente que selecciones zapatos cómodos y que no tengan mucho tacón, me ha tocado ver desgraciadamente algunos accidentes en mamis embarazadas que se pudieron evitar porque usan tacones altos, se resbalan, caen y se ponen en peligro tanto ellas como sus bebes.

Por otro lado, una gran amiga, me sugirió ver en la televisión cosas bellas como caricaturas, programas en donde podría ver como de algo sencillo se hacen cosas maravillosas, programas de la naturaleza, del universo, en sí programas que te dejen un buen sabor de boca, evitando cualquier programa: de violencia, de enfermedades o de muertes, de noticia trágicas; esto me ayudó mucho, porque mi mente y mi alma pudieron estar en un estado de paz y tranquilidad, mismo que se lo pude transmitir a mi bebe.

Te sugiero que trates de hablar con tu bebe no importa que sean los primeros meses, tu bebe te puede escuchar y al oírte se tranquiliza.

También para el cuidado de mi vientre, me compre, el aceite de almendras dulces que mi mami me aconsejo, este aceite lo use durante el embarazo y posterior al mismo, para que cada vez que sintiera comenzó, me lo pusiera y trataba de rascarme lo menos posible mí vientre, ya que si te rascas aparentemente no pasa nada, sino a la larga te aparecen muchas estrías después del parto. Aunque es inevitable que después del embarazo no te aparezca una que otra estría.

Como pedirle ayuda a tú bebe cuando ésta en el vientre para que puedas trabajar

Te platicaré un poquito como lo hice yo, de entrada no deje de trabajar porque tenía que ahorrar para los gastos del hospital y para mi bebe, recuerdo que me encontraba en mi recamara y le dije "mi amor necesito que me ayudes", necesito tú apoyo , no puedo dejar de trabajar aunque quisiera, tenemos que pagar muchas cosas, yo me dedico a las ventas, tengo que tratar con muchas personas, trasladarme de un lugar a otro, checar los detalles para los eventos y supervisar uno que otro.

La idea es que le digas a tu bebe a que te dedicas y le expliques por que necesitas que te ayude aun estando él en tú vientre, aunque no lo creas él te puede ayudar, mi bebe me apoyo, te comento que durante mi embarazo nunca tuve náuseas, vómitos, sueño, mi bebe me ayudó mucho, lo que se me presentaba eran ciertos antojos y ya el último trimestre lo único que llegaba a sentir eran suspiros, los cuales una vez que tuve a mi bebe en mis brazos desaparecieron.

Día a día le agradecía a mi bebe porque estábamos juntos, porque me había elegido como su mamá, estábamos conectados y me ayudaba a trabajar.

Yo no estaba obsesionada por que fuera hombre o mujer, solo le pedía a Dios y a los ángeles que vinera sano y completo.
No me preguntes como, pero en el fondo de mi corazón, me decía que era niño.

Estando en mí oficina le ponía música clásica y para meditar y le hablaba muchísimo.
Para que él estuviera más tranquilo y se supiera amado, le platique de nuestra familia, le comente como estaba conformada, a que nos dedicábamos, que nos gustaba, que valores teníamos.
Te sugiero que le platiques a tu bebe no importa que este en el vientre, háblale como si lo tuvieras entre tus brazos, él o ella te escucha y al oír las voces de la familia, siente el amor y la tranquilidad.

La primera vez que lo vi en mi vientre

Mí ginecóloga me pidió programar mi ultrasonido al cuarto mes de embarazo, hoy en día los ultrasonidos ya son en 3D y 4D, cuando te lo vaya a ser, te sugiero que vayas acompañada y nunca sola, por mucho que seas independiente, que tu acompañante entre contigo, te digo esto porque te voy a platicar mi experiencia, la cual no fue muy buena, por el mal trato que me dio la doctora que hace este tipo de estudios, yo iba acompañada de mi hermano, cuando me dijeron que pasara, en vez de invitarlo, le pedí que se quedara afuera y que me esperara, estando ya en el estudio, me pusieron un gel y con un aparatito sobre el vientre y empezaron a checar al bebe, vieron que coincidieran sus medidas conforme al desarrollo del tiempo de gestación, me permitieron escuchar sus latidos, ver sus manitas y sus bracitos, lo cual me emociono muchísimo, todo iba bien, así mismo te voy a comentar que en este tipo de estudios pueden ver el sexo de tú bebe pero yo no iba con esa idea, es más ni pregunte, pero como muchas mamis lo primero que hacen es querer saber el sexo de su bebe, en lugar de preguntar si viene bien o no, la doctora dedujo que era lo que me interesaba saber, me empezó a apretar mi vientre con el aparato, obligando con ello a que el bebe se moviera y cambiara de posición para que pudiera ver el sexo y de buenas a primeras me dijo es niño, yo me le quede viendo y le dije gracias pero a mí me hubiera gustado saberlo en el momento del parto, ya que yo lo amaría igual si fuera niño o niña.

Después ya casi a punto de terminar el estudio, utilizo el argumento de señora usted ya tiene treinta y ocho año, como es posible que se haya embarazado a esta edad y que sea primeriza, le digo esto porque al parecer su bebe se le ve como alguna malformación en el corazón y lo más posible es que su niño venga con síndrome de Down y solamente mediante un estudio que casualmente nosotros realizamos, podemos determinar si la criatura viene con ese síndrome o no, le pregunte en qué consistía ese estudio de amniocentesis, a lo cual me contesto que tenía que ingresar una aguja en mí ombligo para sacarme líquido amniótico y determinar con eso si venia con alguna anomalía mi bebe, este estudio no es para nada barato.

Esta persona para nada tuvo tacto conmigo y por supuesto que ni pensó en la angustia y desesperación que me estaba provocando, lo que quería era vender más, mi salud y la de mi bebe para nada le importaban, en ese momento sólo escuchaba que ella me decía que me podía agendar al día siguiente para realizarme el estudio, que costaba tanto y que me decía esto para que tomara mi mejor decisión, para saber si quería o no tener a mí bebe, obviamente salí mal del estudio, llorando y sin saber que hacer.

Al verme en ese estado, mí hermano me pregunto qué era lo que estaba pasaba y le comente lo que me había sugerido, a lo cual él me dijo no, vámonos de este laboratorio, lo primero que vamos a hacer es localizar a tu ginecóloga, ella nos dirá que es lo que tenemos que hacer, hablando con mí doctora se molestó muchísimo por la acción de esta proveedora disque de salud, porque estaba muy lejos de serlo, mí doctora me comento que generalmente las personas que realizan este tipo de estudios no están capacitadas para hacer este tipo de sugerencias, sobre todo porque el estudio de amniocentesis no es algo muy practicado en México, es peligroso tanto para la madre como para él bebe que viene en camino, te mueves tantito como mamá y fastidias a tú bebe provocándole algo que quizá ni tiene, no te explican que en la mayoría de las veces este tipo de procesos mal ejecutados puede provocar el aborto y al cuarto mes es fatal tanto para la madre como para el bebe y para nada lo recomienda un ginecólogo en el cuarto mes de gestación.

Independientemente de esto, mí doctora me trato de calmar vía telefónica y me dijo, nos vamos a esperar otro mes y te voy a repetir nuevamente la prueba de ultrasonido pero en el hospital y estando yo presente, ahorita no, porque no es conveniente para tú bebe, a parte tú deseabas un bebe independientemente de cómo venga, supongamos que él bebe viene con condiciones diferentes, no por eso lo vas a rechazar, o sí, eso es verdad, pero a cualquier madre sobre todo primeriza, cuando de entrada te dan un diagnóstico de ese tipo, no verificado, lo único que te provocan es miedo al sentir que no vas a ser capaz de educar a un angelito diferente.

Posteriormente en la tarde, como esa persona proveedora de salud del laboratorio me había estado presionando el vientre durante el estudio para obligar al bebe a que se moviera y pudiera ver el sexo, yo desconocía que esto no se puede hacer y como entre sola, ella me manejo como si fuera yo una muñeca, este tipo de golpeo en el vientre, me provoco muchísimo dolor por la tarde, ya que sentía que un camión me había pasado por el cuerpo.

Te sugiero que cuando te realices cualquier tipo de estudios, donde pueda entrar tú acompañante lo hagas y que no te deje sola, ya que desgraciadamente en esta sociedad hay muchas personas malas que solo quieren lucrar con el dolor ajeno y más si es de salud, a sabiendas de que pueden provocar mucho daño.

Al día siguiente tanto mí hermano como una amiga me acompañaron a recoger los resultados, obviamente se quejaron con la máxima autoridad del lugar por el maltrato que me habían dado como embarazada y por la dichosa sugerencia de estudio.

En mi caso doy gracias a Dios por que puso en mí camino tanto a mí hermano como a mi doctora, los cuales no permitieron que me realizara dicho estudio. Pero cuantas veces, van las mujeres embarazadas solas y les tocan personas poco profesionales.

Te sugiero que siempre vayas acompañada por que en la etapa de embarazada estas muy sensible y puedes tomar decisiones equivocadas, toda decisión consúltala siempre con tú doctor.

Así mismo durante el mes cuarto de mí embarazo, vivía una incertidumbre, yo ya no estaba tranquila, en ocasiones lloraba y le pedía perdón a mi hijo y hablaba con Dios para que me ayudara y me mostrara como tratar a un angelito con condiciones diferentes, empecé a leer sobre el síndrome de Down, empecé a buscar guarderías ad hoc, libros, etc.

Llegando el quinto mes, me cito mi doctora en el hospital y le pidió también a mi hermano que nos acompañara mientras el especialista de ultrasonido me realizaba el estudio, yo me encontraba aterrada, si en el otro lugar me habían tratado mal y había pagado, como me iban a tratar en esta Institución de gobierno del sector salud, para mi sorpresa, el trato fue excelente por parte de los médicos, dado mi experiencia anterior yo no quería ni ver a mi bebe por el miedo de lo que me fueran a decir, en ese caso mi hermano fue viendo todo el ultrasonido, en donde se ve como mi bebe saluda con su manita y me reportaban que todo estaba bien.

Recuerdo que durante todos los meses posteriores yo le rogaba a Dios y a los ángeles que vinera sano mi bebe, que es lo que toda mujer embarazada desea.

Ahorita con la tecnología tan avanzada se pueda grabar un video en un Cd o USB de tú bebe en tú vientre.

Algunas veces, lo volvemos a ver mí hijo y yo, me expresa mi niño su asombro de verse a sí mismo en el vientre, siento una gran emoción al ver el video y doy gracias del ángel que Dios me mando.

Como ponerle nombre a tu bebe

Estando en mi cuarto mes de embarazo, me encontraba de un lado para otro visitando a distintos clientes, tenía una vida bastante ajetreada, casi no descansaba, me encontraba muy estresada, cuando en uno de esos días al irme a costar se me presento un sangrado de color rojo quemado, me espante y le hable de inmediato a mí doctora, quien en ese momento me pidió que me tranquilizara y que pusiera mis pies hacia arriba, así mismo me pidió que no me moviera y mucho menos hiciera algún esfuerzo por algunos días, yo le pregunte en ese momento si no había alguna medicina que me pudiera recomendar a lo cual me comento que en mí caso era tener reposo.

Me encontraba sumamente asustada, llorando, trate de tranquilizar y seguir las recomendaciones de mi doctora.

Paso seguido, hable mentalmente con Dios y con el Arcángel San Miguel y les pedí que me ayudaran para que mí bebe no se saliera e incluso le dije a San Miguel Arcángel que si me hacia el milagro: de que mi bebe estuviera todo el tiempo que tenía que está en el vientre hasta el momento de su nacimiento, yo en reciprocidad y agradecimiento le pondría su nombre.

He de comentarte que tiempo atrás, antes de que pasara esta situación ya me encontraba con la búsqueda de nombres y ya tenía algunas opciones, escuchaba recomendaciones por parte de mi familia, amistades y conocidos que me sugirieron que le pusiera el nombre del papá o del abuelito.

Por otro lado, una gran amiga que es Tarotista y una eminencia en el manejo de cuestiones energéticas, me platico que no es bueno ponerle al bebe el nombre del algún familiar y mucho menos el del papá o del abuelito en cuestión, ya que lo que se ocasiona al bebe en su vida, es que pague por las acciones que realizaron las otras personas que llevan su mismo nombre por cuestión de linaje familiar, lo que se conoce como Karma**.

Lo que me sugirió, era que buscara un nombre compuesto de dos nombres totalmente nuevos para darle fuerza, abundancia y mayor personalidad al bebe. Y a partir de ese momento lo comenzara a llamar así, no importando que estuviera en el vientre, esto lo que hace es que le da seguridad a tu bebe, hace que se sienta ya dentro de tu familia al saber que cuenta ya con un nombre y que es reconocido.

Cuando comiences con la búsqueda de los nombres para tu bebe, te sugiero que sea un nombre compuesto totalmente nuevo para que tu bebe, al ser un ser nuevo comience a crear su propia historia, es decir su propio destino.

Hay muchos libros de significados de nombres así mismo el significado de los nombres los puedes encontrar en las redes sociales.

Por otro lado, también hay mamis que acostumbran ponerles a sus bebes el nombre del papa, abuelito, tío, hermano, etc., en el caso de que sea niño y en el caso de la niña, le ponen su nombre o el de la abuelita o tía o prima y también es respetable, pero en lo personal al existir tres Pacos en una misma familia siento que se le resta una originalidad a la personalidad del bebe.

**El Karma es cuando una persona no se comporta bien en cuestión de sus acciones y entonces esas malas acciones se le voltean, a cada acción una reacción en consecuencia.

Meditando con tu bebe

Como ya lo mencioné antes, es muy importante que cuando estés embarazada realices no solo un ejercicio sino también te sugiere que practiques un poco de meditación para que puedas conectarte desde otro plano con tu bebe e irle platicando poco a poco de su familia, de cómo vives, cuáles son tus valores y creencias, así mismo que le platiques en que necesitas que te ayude, esto lo que hace es que tú bebe aunque este en el vientre se sienta seguro y amado.

Tú bebe te puede escuchar y siente lo que tú estás sintiendo por lo que es muy importante que tú estés tranquila y feliz.

Cuando yo me encontraba en el quinto mes de embarazo, te platico que me di a la tarea de buscar clases de meditación y de yoga en distintos lugares del sur de la Ciudad de México, porque había investigado que es una práctica excelente para conectarte con el bebe.

Encontré un grupo de meditación excelente dentro del parque de los Viveros de Coyoacán que me encanto, empecé a ir todos los domingos durante todo mí embarazo.

Estas meditaciones me gustaron porque eran guiada de forma muy sencilla para agradecer y conectarnos con nosotros mismos, realizábamos algunos mantras, posturas de yoga, visualizaciones y al mismo tiempo escuchábamos música que nos elevaba nuestro sistema vibracional.

Antes de terminar cada meditación, pasaba nuestro guía espiritual y a través de sus manos (las ponía encima de nuestras cabezas sin tocar), nos compartía la energía proporcionada por el Universo, pero sólo la que nuestro cuerpo requería en ese momento con permiso de nuestro Dios, en beneficio de nuestro desarrollo tanto espiritual y físico.

Te comparto que estando embarazada, meditaba mucho y practicaba las técnicas que me fueron enseñando junto con las respiraciones, seleccione algunas posturas de yoga que nos fueran cómodas y que no nos pusieran en riesgo.

La meditación es una herramienta muy valiosa que te pone en contacto contigo mismo y con tú bebe, ya que bien aplicada hace que tengas una mayor conexión en donde puedes decirle lo mucho que lo amas y si es posible llamarlo ya por su nombre cuando estés platicando con él.

Recuerdo que ya casi en el octavo mes del embarazo, me encontraba meditando en mi grupo, cuando de repente se me presento San Miguel Arcángel y me entrego su espada en mis manos, al terminar de meditar y regresar al aquí y al ahora pensé " me dio su espada porque quiere que luche más de lo que estoy luchando", se lo platique a mi guía espiritual de forma inmediata, para que él me diera su interpretación espiritual, el cual sabiamente me dijo no te está entregando su espada para que vayas y luches, te está entregando su espada como significado de que tú necesitas tomar decisiones con sabiduría, templanza y paciencia para ti y tu bebe, te ésta diciendo "no están solos", tú eres fuerte sigue adelante, así mismo me comento que ese año en que me encontraba embarazada y meditando era el año de San Miguel Arcángel, el cual me había dado en regalo invaluable.

Ya estando a solas, le agradecí infinitamente a San Miguel Arcángel y a nuestro creador por tan bella demostración de amor.

Por otro lado, también es importante que tu bebe escuche música no importa que este en el vientre, que mejor.

Yo durante mí embarazo, había seleccionado algunas melodías de música (algunas eran clásica de Mozart*, otras de meditación y otras actuales de distintos géneros como: pop, salsa, electrónica, etc.,), las cuales las ponía en mi aparato musical permitiendo que tanto mi bebe como yo las pudiera escuchar.

La música lo que hace es que tu bebe se tranquilice además de que contribuye a su desarrollo.

Cómo dormir cuando estas embarazada

A medida que van pasando los meses durante el embarazo, se hace más difícil el dormir.

Yo recuerdo que para mí séptimo mes de embarazo ya se me dificultaba dormir, mí bebe me pateaba y no me acomodaba en mí cama.

Algunas embarazadas acostumbran dormir de lado, boca arriba o boca abajo, pero si no tienes una adecuada postura, lo que se ocasiona es que tus piernas comiencen a tener calabrés (hormigueo), entre más avanzado este el embarazo y si no llega de forma más directa la circulación de la sangre a tú bebe, este comenzará a patear.

Te sugiero en este caso dormir de lado izquierdo (es decir de lado donde esta tu corazón) para evitar los hormigueos en tus piernas y que el bombeo de la sangre llegue de una mejor manera a tu bebe.

Este consejo de dormir me lo dio mi doctora para evitar los malestares en las piernas, posiblemente a ti también te pueda funcionar.

Por otro lado, yo compre en ese tiempo una almohada en forma de "U" grande que abarcaba gran parte de mí cama, me la colocaba entre las piernas y posteriormente recostar mí vientre de lado izquierdo en ella, en mí caso muy particular, te platicare que para mí esta almohada fue "una maravilla", ya que podía no solo dormir sino descansar.

Como seleccionar el hospital

Cuando estaba en el séptimo mes de embarazo, me di a la tarea de buscar un hospital privado que contara con todas las medidas de seguridad tanto para mí como para mí bebe.

Estudie y visite la red de los hospitales que me proporciono mi aseguradora, es decir, independientemente de la habitación donde iba a estar para recuperarme después del parto, lo que cheque con el área de informes de los diversos hospitales que visite, de acuerdo a lo solicitado por mí médico fue: en qué condiciones estaba el quirófano, que contara con el equipo necesario para que mi doctor pudiera operarme y asistirnos, cuáles eran los requisitos (la documentación para darse de alta) que deberían presentar mí doctor junto con su equipo médico ante el hospital (anestesiólogo, pediatra en caso de no estar dados de alta en la red de médicos que provee la aseguradora) para que me pudieran atender en ese hospital.

Te comento que lo que super cheque, se puede decir que hasta con lupa fue la zona de cuneros, la cual debía garantizarme que su personal médico estaba altamente capacitado para recibir a mi bebe y darle los primeros cuidados después del alumbramiento verificado por mi pediatra, que fuera una zona super segura donde no pudiera ingresar más que el personal autorizado.

Que contará con incubadoras, por cualquier circunstancia que se pudiera presentar, así como las medidas de identificación entre madre e hijo que usan con los bebes, para que te garanticen que es tú bebe, el que te están entregando.

Dentro de mi recorrido por muchos hospitales privados en la Ciudad de México, lo que me mostraban eran las recamaras (con baño y televisión) pero no me mostraban en folletos o en videos los quirófanos y mucho menos los cuneros.

Así mismo, me presentan sus tarifas y sus programas de pagos anticipados para el parto, dependiendo el tipo de parto que tengas es el costo (no es la misma tarifa de un parto natural que de una cesaría, esto es porque se pueden incrementar el número de horas en un parto normal y el costo de estancia se incrementa).

Lo que influyo, en mí decisión de la selección del hospital privado, fue:

En primera instancia que estuviera cerca de un hospital público, porque en caso de necesitar sangre o de presentarse algún inconveniente, me pudieran trasladar a mí o a mí bebe a este otro hospital, el cual estaba en corto.

Que pudiera accesar mi doctor y su equipo médico.

Que contara con un excelente quirófano, instrumental médico, así como seguridad y personal calificado en el área de cuneros.

En segunda instancia considere que el hospital estuviera a la mitad del camino tanto de mi doctor como de nosotros y que las vías de acceso fueran varias para que pudiera llegar a él.

En tercera instancia fue que la cobertura de mí seguro de Gastos Médicos Mayores lo cubriera y que tuviera un remanente por cualquier situación no prevista (te platico, algunos seguros médicos no pagan por adelantado tu estadía en los hospitales, esto significa que tú lo tienes que pagar y después de cierto tiempo ellos te lo reembolsan presentando la documentación requerida por la aseguradora) y otros solo tienes que pagar un deducible.

También es importante comentarte que para mí sorpresa, en mi caso en particular, no sé si aplique en otras aseguradoras, no me cubrió nada relacionado a los gastos de "mi bebe", porque durante el embarazo lo consideraban como "un no nacido" (ellos me comentaron que la póliza no lo cubría porque aunque estaba vivo se encontraba dentro de mi vientre) por lo que antes de retirarme de mi hospital, tuve que pagar tanto mis gastos como los de mi bebe y solo se me reembolso posteriormente mis gastos, no los del bebe.

Para poder aplicar mi póliza de gastos médicos, tuve que demostrar de acuerdo a sus cláusulas que yo me encontraba dentro del periodo de espera aceptado.

Te sugiero que si cuentas con un seguro de gastos médicos mayores siempre cheques estas cláusulas con referencia a tu bebe.

Por otro lado, te sugiero, en el caso de que tu alumbramiento sea en un hospital privado, que este nunca lo selecciones por las recamaras que te muestren, sino por la garantía y la seguridad que te puedan ofrecer de sus instalaciones, de la zona de cuneros y lo principal que permitan acceder a tu equipo de médicos.

También hay en México, la otra opción de hospitales públicos en donde si tú eres afiliada puedes ingresar a su servicio y dependiendo de tú dirección es donde te designan para que te alivies y son varios médicos los que te checan, pero no se tiene asignado un doctor para tu parto, ya que esto dependerá del médico en guardia en ese momento en el hospital.

Hay también en México, hospitales gratuitos en donde las mujeres embarazadas que no cuentan con ningún seguro o afiliación, las puedan atender.

Pero como ya comenté es importante que durante su período de embarazo vaya a sus revisiones médicas mensuales.

Compras para tu bebe

Te platico que desde que me enteré que iba a ser mamá, comencé a prepararme, es decir, me fui programando para que mes con mes, fuera comprando diversos productos para mí bebe de acuerdo a mi presupuesto y no me espere hasta el último momento, ya que esto implica un fuerte golpe a tu economía.

Existen en el mercado infinidad de productos para los bebes, desde los más económicos hasta otros que están por las nubes.

Dentro de mi presupuesto mensual definí una partida para pañales, toallitas húmedas, pomadas, leche, papillas, visitas al pediatra, medicamentos, posibles vacunas etc.

Yo comencé, comprando diferentes etapas de pañales para bebes y los fui guardando, si te soy honesta, comencé a comprar pañales de marca, algunos que fueran biodegradables y otros de tela que fueran amigables con el medio ambiente (estos son para bebes más grandecitos a partir de tres meses y que se les pudiera cambiar la parte intermedia del pañal con unas toallitas de tela), seguí los consejos que recibí en ese momento de mis amistades en donde me explicaban que si no tenía cuidado con la selección y compra de los pañales, mi bebe se podría rosar.

Cada mes compraba la ropita: camisetas, chambritas, calcetines, mamelucos, gorros, fajeros, baberos, cobijas delgadas y gruesas, toallas, zapatitos, etc.

Te platico que en la ropita de bebe existen desde la talla cero, pero de esta, solo compre algunas piezas ya que los bebes crecer muy rápido lo dejan rapidísimo y en menos de una semana te dejan la talla cero (yo me enfoque a comprarle talla 3, 6, 9 meses y talla uno) debes tomar en cuenta también la fecha tentativa de parto, ya que dependiendo de esta la ropa de los bebes es más ligera o gruesa.

Me organice también para comprar diversos artículos del cuidado del bebe cada mes como fueron: la bañera, jabones, esponjas para bañarlo y esponja para la tina, corta uñas, calentador de leche eléctrico, talco, pomada para rozaduras, toallitas húmedas, shampoo relajante, limpia naricitas, termómetro, cojín especial para poner a tu bebe en forma inclinada para evitar la muerte de cuna, chupones, cangurera, diversas mamilas (ya que esta va por etapas), mecedora, cuna viajera, cuna fija con colchón y cambiador, móvil giratorio con música para que se duerma, mochila para los artículos del bebe, extractor de leche automático, babero para colocarlo en el hombro de la mamá, contenedores de plástico chiquitos para las medidas de la leche, algunos juguetes, carriola con sillón para el coche, centro de entretenimiento y de estimulación temprana, mordederas, etc.

Tuve ocho meses para prepárame y comprar poco a poco de acuerdo a mi presupuesto todo lo necesario para recibir a mí bebe, te sugiero que hagas lo mismo, sobre todo si eres mamá soltera, por que la idea es que no te descapitalices y que cuando llegue tu bebe ya estés preparada para recibirlo con todo lo necesario.

Hay mamis o papis que se esperan casi hasta al final y celebran una fiesta o varias fiestas denominadas Baby Shower en donde sus familiares y amigos les regalan cosas para su bebe, se contrata también en alguna tienda departamental la mesa de regalos y posterior a la fiesta se hacen un recuento de lo que reciben, después hacen compras de todas las cosas que les hacen falta, esto yo no lo recomiendo, por que se llegan a descapitalizar y luego no tiene para comprar las cosas básicas como pañales, leche, medicinas etc.

Yo te sugiero, que te vayas preparando poco a poco y que si en tu país se acostumbran los baby shower (algunos de estas fiestas son temáticas en donde la mami selecciona el tema que puede ser alusivo a: pañales, biberones, ropa para bebe, higiénicos, etc., en donde los invitados regalas los artículos alusivos al tema), les informes a tus invitados lo que te hace falta o en algunos lugares, ya también se acostumbra la mesa de regalos de baby shower en tiendas departamentales de lujo en donde les indicas que productos son los que requieres.

Es importante que también tengas preparada una maleta para ti, la cual contenga: tu pijama, tus productos de higiene básicos, una muda de ropa cómoda, así como tus chanclas, toalla, zapatos y tú documentación (esto dependerá del hospital, en los hospitales particulares te piden tu credencial de alta de tu seguro de gastos médicos vigente, tu INE, comprobante de domicilio, un baucher de tu tarjeta de crédito).

Cómo preparar a tú cuerpo

Cuando estás embarazada no sólo debes ir a tu chequeo médico y tomarte las vitaminas que el médico te prescriba.

Si no que también deberás preguntarle a tú medico como puedes preparar tú cuerpo para recibir a tú bebe y poderlo alimentar.

Es decir, las mamis para que podamos alimentar a nuestros bebes con nuestra leche materna, de una forma más sencilla, tenemos que preparar nuestros pezones en específico las areolas con determinados ejercicios circulares para que vayan adquiriendo la forma adecuada para poderles darles leche materna.

Debemos darnos masajes suaves tanto en nuestro vientre como en nuestros pies (los cuales en los últimos meses se podrían encontrar hinchados por la retención del agua y por el cansancio) con algún aceite.

Tratar de bañarse con agua tibia, para que el aspecto de nuestra piel vaya mejorando y sobre todo vaya recuperando su forma original, una vez que el bebe ya nació.

Es muy recomendable que medites y que aprendas a respirar de forma correcta, esto te puede ayudar en el momento del parto natural.

También, como lo comenté anteriormente, es muy bueno que durante tu embarazo camines o realices algún ejercicio físico como yoga, natación (nada que implique riesgos) para que vayas preparando tú cuerpo y tu parto en caso de que sea natural sea más rápido la labor de parto.

Es importante que no comas comida: chatarra, irritantes, demasiado chile o bebidas gaseosas ya que esto a la larga, puede generar algunas consecuencias a tu bebe, hay algo que las mamas mexicanas dicen que los bebes nacen con chincual (termino mexicano que se refiere que el bebe sale manchadito de la cara y con mucho prurito) o con mucho cólico estomacal.

En México, en algunas familias se acostumbra después del parto que la mujer tenga los baños de hiervas diversas (es un preparado que realizan en los mercados) en donde te realizan baños de asiento para que tu cuerpo vaya eliminando el aire, te fajan con el objeto de que tu cuerpo vuelva a tener la figura que tenía antes.

Cómo darte cuenta si estas en labor de parto

Haz escuchado que cuando ya se acerca el momento del parto, a la mujer se le rompe la fuente, en la mayoría de los casos, te lo describen como que te mojas muchísimo y sientes un dolor que va y viene en tu vientre (estos dolores los llaman contracciones) y que se va agudizando, va siendo constante conforme se acerca el alumbramiento, pero que crees en mí caso, muy en particular resulta que yo no sabía que estaba comenzando la labor de parto, me pare en la madrugada como a las tres de la mañana y fui al baño, saque un poco más de orina pero de un color transparente con unos pequeños puntitos blancos y cuando regrese a recostarme empecé a sentir un pequeño dolor tanto en mi vientre como calambre en mi vagina, no podía estar acostada por que el dolor pasaba y de repente volvía con un poco más de fuerza, lo que hice fue llamar a mi hermano, él a su vez le hablo a mi doctora, la cual le dijo que yo había empezado la labor de parto y que me llevara de inmediato al hospital y que ahí me veía, llegando al hospital, los dolores se habían incremento, sentía que categóricamente se me partía el cuerpo, me pasaron a mi cuarto, las enfermeras me comenzaron a preparar, paso una de las doctoras para checar mis signos vitales, el suero, mis datos personales y verificar mediante el tacto en cuanto estaba mi dilatación para poder informarle a mi doctora, mi dilatación ya estaba muy avanzada, al llegar al quirófano mi bebe ya estaba coronado, lo poco que recuerdo es que me pusieron la raquea (anestesia en la columna vertebral), mis piernas se empezaron acalambrar, les dije a los doctores que estaban en el quirófano y en ese momento ellos me comenzaron a mover mis piernas con cuidado, porque deje de sentir la intensidad del dolor de la contracción y se pasó el hormigueo a mis piernas, mi doctora me pidió que colaborara con ellos, que en el momento que sintiera que viniera el dolor de la contracción pujara con toda mi fuerza para que el bebe saliera y no lo retuviera, yo me encontraba muy nerviosa, con mucho dolor, pero cuando sentía que venía la contracción puje con todas mis fuerzas y mi bebe nació, lo oí llorar, mientras lo limpiaban, me decía su pediatra que había nacido bien, que venía completo, cuál era su sexo, que pesaba y medía tanto, así mismo procedió el doctor a registrar la hora de su nacimiento y ponerle su pulsera de identificación.

Después de eso, lo siguiente que recuerdo es que me enseñaron a mi bebe, me mostraron su bracito en donde estaba su pulsera, para que pudiera checar sus datos y que llevara los míos y lo llevaron posteriormente al área de cuneros y a mí a mi cuarto para que me terminara de recuperarme.

Ya por la tarde, me llevaron a mi bebe para que yo lo alimentara.

Recomendaciones del pediatra en el hospital para los primeros cuidados del bebe

Mi pediatra fue a visitarme unas horas después de mí parto, me comento que le practicarían el estudio del Tamiz, tomarían la muestra para determinar qué tipo de sangre era y le aplicarían su primera vacuna.

Por otro lado, me explico cómo tenía que alimentarlo y pegarlo a mí pecho para que en primera instancia tomara el calostro y después mi leche materna, el número de veces que tendría alimentarlo, en mí caso era cada dos horas (tanto en el día como en la noche) a libre demanda, es decir todo lo que quisiera comer mí bebe, también me comento el pedíatra como tenía que ir haciendo mi bebe del baño.

Me informo como tenía que bañarlo y como proteger el área de su ombligo, porque aún tenía una partecita del cordón umbilical (la cual es muy delicada y se puede infectar si no se limpia adecuadamente).

Cómo alimentar a tu bebe con leche materna

Cuando nuestros bebes ya nacieron, es muy importante que le des el primer fluido que sale de tu pecho llamado calostro, que es el que lo va a proveer de muchos nutrientes y lo va a proteger, después de este fluido viene la leche materna.

En algunas ocasiones cuando las mamás tienen leche materna, pero no desean alimentar a sus bebes, les da fiebre y se les hacen bolitas de leche en su pecho, así mismo se les va la leche.

Por otro lado, hay muchas posiciones que podrás utilizar cuando alimentas con tú leche materna a tú bebe e independientemente de la que tú selecciones deberás cerciorarte que la boca de tu bebe este pegada completamente a tu areola (circulo de color más oscuro) para que no le entre aire y para que a ti no te lastime, terminándole de darle de comer, deberás darle pequeñas palmaditas en la espalda para hacer que repita.

Cuando tú te encuentras amamantándolo no deberás utilizar ningún tipo de crema o aceite en tú pecho sólo lo puedes lavar con agua tú pecho, si sientes alguna bolita en tu pecho puede ser que sean bolitas de la leche materna que estas generando y para que se disuelvan tienes que ponerte fomentos de agua calientita en las bolitas (pero tienes que informárselo a tu doctor).

Te platico hay muchas ventajas y beneficios, cuando amamantas a tú bebe: la primera es que recibe muchas proteínas y defensas; creas un vínculo muy fuerte con él, al sentirse protegido y alimentado y tú bajas más rápido de peso.

En caso de que no puedas alimentar a tu bebe porque no cuentes con leche, tú doctor te prescribirá que leche procesada le puedes dar a tu bebe (las cuales van por etapas) y también tú bebe tiene que repetir al final de comer.

Cómo registrar a tu bebe

Para que puedas salir del hospital junto con tu bebe, el hospital te expedirá una constancia de alumbramiento sellado por la institución, en donde se especifican los datos del nacimiento de tu bebé (hora, fecha, hospital y lugar de nacimiento, medidas, nombres de los padres, dirección), el cual se tiene que verificar que vayan correcto todos los datos.

Este documento en el caso de México, lo deberás de llevar al registro Civil (que te corresponda de acuerdo a tú dirección) para registrar a tu bebe junto con algunos otros documentos como son: tu identificación del INE (la de los papas), comprobante de domicilio, CURP, así como pago de expedición del Acta de Nacimiento y presentar a tu bebe en el registro junto con los papas o la mamá soltera, deberás de tener bien en claro, el nombre que le vas a poner a tu bebe, él cual quedará registrado en su Acta de Nacimiento junto con su huella del piecito.

Tú puedes realizar este trámite a la semana de nacido en México y con esta Acta de Nacimiento puedes tramitar también su Curp y darlo de alta también ante alguna institución de la pública proveedora de salud (en caso de que seas afiliada y si no eres afiliada ante alguna institución gratuita proveedora de salud).

Yo te sugiero que no te esperes mucho tiempo para registrar a tu bebe, es un trámite rápido, en donde queda asentado antes las autoridades correspondientes que es tú bebe y que tiene derechos como ciudadano del país.

Cómo prepara el baño del bebe en casa

Cuando vas a bañar a tu bebe, es aconsejable que destines una habitación donde no entren corrientes de aire, así mismo que puedas mantener la habitación calientita (esto lo puedes hacer calentando primero agua y teniendo algunas ollas en el piso para que el vapor suba y caliente la habitación), por otro lado cuando prepares la bañera portátil deberás colocar primero el hule espuma en el fondo de la bañera, mezclar el agua caliente y fría para que este tibiecita pero calientita (te recomiendo que la toques con tu codo el agua, la cual no debe estar exageradamente caliente), deberás tener a la mano su jabón, esponjita, shampoo, así como su toalla y ropa ya preparada para que lo puedas vestir.

Los bebes se tienen que bañan todos los días es por cuestión de higiene y también para que descansen.

Te comento que lo que a mí me funciono, fue que mi mamá lo bañaba todas las noches, la técnica que aplico fue tener envuelto su cuerpo para que no sintiera frío, le lavaba primero su cabecita y terminando, lo destapaba y poco a poco lo iba metiendo a la bañara para lavarle su cuerpo con su esponja y cargándolo siempre con su brazo su cuerpo, dejaba que disfrutara su baño, después lo sacaba y lo secaba perfectamente, le ponía talco de bebe en todo su cuerpo; en el área de su ombligo lo secaba con mucho cuidado (y más o menos a la semana o semana y media se le desprendió el pedacito de cordón umbilical), algunos doctores recomiendan no ponerles nada y dejar el ombligo así pero yo lo que hice fue preparar previamente una moneda pequeñita, de acuerdo a consejos de algunas mamis para evitar el ombligo saltado, esta mini moneda la desinfecte y lave perfectamente, después la envolví con microporo y una gacita y después con algodón y se la colocaba en el centro de su ombliguito y lo fajaba con mucho cuidado para que no le quedara apretado o lo fuera a lastimar, esto lo que hacía es que el ombligo quedara abajo y no saltado, sino más recuerdo esto lo aplique por un mes.

Les secaba con mucho cuidado sus oídos con una pequeña toallita, así como su carita.

Antes de ponerle su pañal le ponía la pomada sugerida por el doctor y posteriormente la ponía su mameluco, lo enrollaba como taquito con su cobija (los primeros meses para que mantuviera su calorcito) le daba su leche materna, repetía y se quedaba por lo general dormido.

Para acostarlo, lo que hacía era colocarlo en su cuna y dentro de la misma, yo utilizaba una almohadita especial (que es inclinada y tiene dos almohaditas verticales chicas que se pegan en forma lateral a la almohada principal) para que el bebe no quede totalmente horizontal y lo que hacía era si dos horas previas había dormido de lado derecho, la siguiente vez le tocaba el lado izquierdo, nunca lo dormir boca abajo ni boca arriba.

En algunas ocasiones cuando se despertaba o estaba llorando mi bebe, lo cargaba y le cantaba para que se tranquilizara y se durmiera.

Es importante comentar que cada mami tiene su particular forma: tanto de bañar a su bebe, como de alimentarlo y dormirlo, lo importante es que el bebe se encuentre seguro y vaya creciendo.

Sus visitas al pediatra

Recuerdo que su primera cita, fue a la semana de su nacimiento, en donde el doctor checo sus medidas (peso, cuanto media tanto de su cuerpo como de su cabeza, temperatura), me explico que las revisiones del primer mes iban a ser cada quince días y después cada mes para checar el crecimiento del bebe.

Toco el tema de la mollera (que viene siendo la parte de arriba de la cabeza que aun esta blandita) en donde uno tiene que cuidar que no se le suma al bebe y que con el paso del tiempo se vaya haciendo dura.

Me pidió, el doctor que le hablara a mi bebe y que cuando le estuviera hablando viera sus reacciones, así mismo checara si me veía y observaba las cosas a su alrededor.

Me hablo de la importancia de ponerle todas las vacunas de acuerdo al carnet de vacunación, en donde se determinan dependiendo los meses que tenga el bebe hasta posteriormente los años para aplicar "x" vacuna (en México existen algunas vacunas gratuitas que da el sector salud al que uno pertenece, pero hay vacunas que no se encuentran dentro del sector y se tienen que comprar de forma particular con el pediatra).

Hay algunas vacunas que en México solo las aplican en temporadas de vacunación general para bebes y niños, por lo que hay que estar muy al pendiente y pregunta, por ejemplo, una de ellas es la de la Poliomielitis.

Lo que se me quedo grabado después de la explicación es que las vacunas son un refuerzo muy grande para que tu bebe pueda resistir ciertas enfermedades y no le peguen tanto.

Me comento que era importante darle bañitos de sol sin corrientes de aire (esto es dejarlo solo unos minutos sobre la cama al bebe solo con su pañalito y sus ojitos tapados con una franelita chiquita para que reciba los rayos del sol que entran por la ventana y después colocarlo boca abajo siempre con previa supervisión y nunca dejarlo sólo) durante los primeros meses, te sugiero que se lo menciones a tu pediatra para que te de las indicaciones de la mejor forma de hacerlo.

Por otro lado, me hablo de la alimentación con la leche materna (a libre demanda), más o menos la frecuencia en que el bebe tendría que estar comiendo tanto del día como de la noche para que no se fuera a deshidratar, como tenía que hacer del baño, los cuidados que debería tener para cambiarle el pañal para que no se rozara (y en caso de que se rozara que pomada tenía que aplicar en su piel limpia y seca).

También me informo de la temperatura normal que tienen los bebes y cuando se considera una febrícula y ya temperatura alta.

Posteriormente, cada visita le hacia la revisión de rutina y conforme iba creciendo, ya en octavo mes de mi bebe, ya casi yo no tenía leche, por lo que tuve que apoyarme con la fórmula de leche que el médico le prescribió a mi bebe.

Te platicaré que en este tiempo, hice una compra masiva de diversas mamilas de diferentes marcas para la primera etapa (se diferencian de las otras por la rigidez del chupón) ya que mi bebe no me quería aceptar ninguna y tampoco la formula, yo estaba más que desesperada, una amistad muy cercana como caída del cielo me paso el siguiente tip, primero me dijo aunque no te agrade prueba tu leche y prueba la leche de formula e identifica a que sabe (la leche de formula estaba con un sabor azucarado muy concentrado y con un ligero sabor amargo tipo metálico, aunque era de las mejores leches, en relación a la mía eran muy diferentes, ya que la mía era con un sabor ligeramente dulce), una vez que detecte esto, se lo dije a mí pediatra para que me cambiara a otra fórmula con un sabor un poco menos agresivo y que tuviera todos los nutrientes que necesitaba mi bebe durante sus primeras etapas y fue así como resolví el problema y mi bebe acepto la leche.

Por otro lado, esta amistad también me aconsejo que observara la forma de mi pecho y que tratara de conseguir una mamila que tuviera una forma similar a mi pezón (tarea difícil, ya que hay mamilas muy delgaditas, medias, anchas, con sistema anticólicos) pero finalmente lo conseguí.

Conforme pasaron los meses, el pediatra me iba indicando el tipo de alimentación que tenía que ir incorporando a mi bebe en sus papillas (que verduras tenía que dárselas hervidas en forma de papilla dependiendo el mes para que su estomaguito lo fuera aceptando y procesando).

Es importante, comentarte que cuando le toque a tu bebe, las papillas, le coloques un babero y constantemente estés limpiando el área de su boca para evitar que le salga como salpuñido o se le reseque ya que su piel es sensible.

Finalmente, me habló también de algunos ejercicios psicomotrices que tenía que realizarle a mí bebe tanto en sus piernitas como en los bracitos, (estos ejercicios dependen del mes de crecimiento que tiene el bebe), para que se pueda ir estimulando poco a poco para lograr un mejor desarrollo y coordinación de sus movimientos.

Me explico el pediatra, más o menos los meses en que el bebe de acuerdo a su crecimiento y desarrollo ya puede sostener por si sólo su cabecita, como colocarlo con entre dos almohadas para que pueda estar sentadito (siempre con un adulto a su lado para que lo auxilie y lo pueda cuidar).

El doctor me hablo de la importancia que tiene para el bebe, el gatear para un mejor desarrollo psicomotriz para que después pueda caminar.

Y me solicito que no le diera chocolate, ni fresas hasta la edad de tres años por cualquier tipo de alergia que le pudiera provocar.

Seleccionando guardería

Te platicaré que ya cuando mi bebe tenía un año de edad, se me complicaba mucho el trabajar y cuidarlo al mismo tiempo, sobre todo por que yo le di leche materna hasta los ocho meses y en ese tiempo tenía que coordinar mis citas con los clientes y darle de comer a mi hijo, cómo lo hacía, te platicare, mi padre me ayudaba y me acompañaba quedándose con mi bebe en algunos de los restaurantes cercanos de la zona donde se encontraban las empresas en las que tenía que presentar los proyectos, antes de entrar le daba de comer a mí bebe y después mi papá se quedaba con él, mientras yo realizaba las presentaciones de los diversos proyectos, tenía que calcular los horarios para alimentarlo de acuerdo a sus horarios en donde generalmente comía mí bebe.

Así estuve por algún tiempo trabajando, cuando estaba en mi oficina tenía a mi bebe en cuna viajera pegada a mi escritorio para que lo pudiera ver y checar todo el tiempo.

Después, como toda mamá profesionista tuve que tomar la difícil decisión de llevar a mi bebe a una guardería y digo difícil, por que se crea un lazo muy fuerte entre madre e hijo (algunas mamas cuando somos primerizas nos volvemos un poco aprensivas con nuestros bebes, nos da miedo que algo le pueda suceder, hasta el paso de la mosca, que es un decir), pero también es necesario que los bebes vayan a una guardería para que aprendan a interactuar con otros bebes y logren un mejor desarrollo social.

Te platico que visité fácilmente como quince guarderías de mí zona, checaba sus ventajas y desventajas, costos, áreas de acceso, las escaneaba de arriba abajo, hasta que me vi en la necesidad de seleccionar una de ellas, porque ya no podía compaginar mi trabajo con el cuidado de mi pequeño y tenía que darle de comer.

Mí decisión se baso en varios puntos: el primero que contara con las instalaciones adecuadas en una sola planta (que no tuviera escaleras la guardería para evitar accidentes) y que fuera de fácil acceso la llega a ella (es decir que estuviera a lo mucho a diez minutos de mi trabajo y de mí casa), que el personal fuera calificado, que el número de niños en cada salón fuera reducido para que la atención fuera más personalizada, que el costo de las mensualidades lo pudiera pagar y los horarios de servicio, gracias a Dios encontré una que reunió todos mis requerimientos.

Las primeras dos semanas en guardería, fue todo un show, ya que como son adaptación, mi bebe se enfermó, se rozó, lloraba cuando lo dejaba y yo sentía como se me oprimía el pecho cada vez que lo dejaba, porque como mamá sientes culpa, pero conforme pasaba el tiempo se fue adaptando al nuevo entorno, a su guardería, a sus maestros, a sus compañeritos y al rol de las actividades que les designaban como rutinas diarias.

Mientas tanto yo reacomodaba mis horarios y organizaba todas mis actividades tanto de la casa, del trabajo en oficina y de las citas para que me diera tiempo de hacer todo el trabajo y recoger a tiempo a mí bebe.

La guardería en mí caso, fue de gran ayuda, porque en ella pude trabajar en forma conjunta con las maestras, mí bebe comenzó a gatear y despúes a caminar, aprendió a ir al baño y dejara el pañal, a comer con su manita conforme iba creciendo (comía de todo), ya que por lo general en las guarderías tienen una dieta balanceada.

Aparte de pagar las cuotas mensuales, tenía que dejarle a la guardería una maleta en donde tenia un determinado número de pañales, sus biberones, leche, artículos de limpieza como toallitas húmedas, talco, pomada, peine, tres mudas de ropa.

Después de la guardería, por las tardes con la ayuda de mi familia, lo alimentábamos pero ya con alimento más sólido como papillas, verduras, algunas proteínas, lo cuidábamos, jugábamos con él, le empezamos a enseñar mediante imágenes los nombres de las cosas para que el poco a poco fuera hablando y las asociara, hacíamos algunos ejercicios psicomotrices para que se soltará y caminara, veíamos algunas películas infantiles, recuerdo que una de sus primeras películas animadas fue Spirit, la vimos casi cuarenta veces porque hay una edad en los niños en que ven la misma películas infinidad de veces y no se cansan.

Por otro lado, comenzamos a trabajar con mi peque, lo que podía hacer y lo que no le estaba permitido.

Gracias a Dios, nunca me hizo un berrinche en la calle.

Así estuvimos hasta los tres años, en donde ya mi bebe, no era bebe, sino ya un niño.

En la guardería, mi pequeño se fue desarrollando socialmente, ya que como hacen varias actividades entre las maestras y sus compañeritos: conviven, hacen manualidades, cantan, juegan, comen, celebran algunos festivales, lo cual lo ayudo a que se volviera más extrovertido.

A la edad de los tres años por recomendación de su pediatra busqué algunas actividades complementarias para su desarrollo físico y lo metí a clases de natación y de judo por las tardes, no fue fácil porque en ocasiones mi niño se resistía, pero que no hacemos los padres para que nuestros pequeños se desarrollen mejor.

Estos dos ejercicios lo ayudaron muchísimo, ya que ambas son disciplinas que los preparan bajo un esquema de valores.

Existen algunos casos en México, en donde por situaciones económicas las mamis, no pueden accesar a ingresar a las guarderías ya sea privadas o públicas a sus pequeños y los dejan al cuidado de algún familiar cercano que pueden ser los abuelitos o los tíos o primos. O los tienen que ingresar a las guarderías al mes de nacidos por que no hay quien se los cuide.

Te sugiero que si tu puedes ingresar a tú bebe a una guardería lo hagas, en el momento que tú lo consideres y una vez que ya la hayas inspeccionado y que te garantice la seguridad de tú pequeño, porque esta, le va a ayudar mucho en su desarrollo personal.

Y finalmente como dicen algunas personas y que comparto su opinión porque es muy cierta "a nadie nos enseñan a ser padres y no existe un manual para hacerlo" pero lo que si es cierto, es que cada uno de nosotros, vamos aprendiendo con nuestro pequeño (a), por que se convierten en nuestros pequeños maestros, nos enseña y nos recuerdan el valor de las cosas más valiosas de la vida como es el compromiso, el amor y la entrega de lo mejor de nosotros mismos.